AF548081

GRöLS
Verlage

„BÜCHER SIND WIE FALLSCHIRME. SIE NÜTZEN UNS NICHTS, WENN WIR SIE NICHT ÖFFNEN."

Gröls Verlag

Redaktionelle Hinweise und Impressum

Das vorliegende Werk wurde zugunsten der Authentizität sehr zurückhaltend bearbeitet. So wurden etwa ursprüngliche Rechtschreibfehler *nicht* systematisch behoben, denn kleine Unvollkommenheiten machen das Buch – wie im Übrigen den Menschen – erst authentisch. Mitunter wurden jedoch zum Beispiel Absätze behutsam neu getrennt, um den Lesefluss zu erleichtern.

Um die Texte zu rekonstruieren, werden antiquarische Bücher von Lesegeräten gescannt und dann durch eine Software lesbar gemacht. Der so entstandene Text wird von Menschen gegengelesen und korrigiert – hierbei treten auch Fehler auf. Wenn Sie ebenfalls antiquarische Texte einreichen möchten, finden Sie weitere Informationen auf www.groels.de

Viel Freude bei der Lektüre wünscht Ihnen das Team des Gröls-Verlags.

Adressen
Verleger: Sophia Gröls, Im Borngrund 26, 61440 Oberursel
Externer Dienstleister für Distribution & Herstellung: BoD, In de Tarpen 42, 22848 Norderstedt

Unsere „Edition | Kleine Klassiker“ versammelt über hundert unbestrittene Klassiker der Weltliteratur in einem ästhetisch anspruchsvollen und handlichen Format.

Die Gröls-Klassiker-Editionen gehören heute mit ungefähr tausend Werken zu den größten Sammlungen klassischer Literatur im deutschen Sprachraum. Wir kultivieren und kuratieren damit einen der wertvollsten Bereiche der abendländischen Kultur. Kleine Auswahl:

Francis Bacon • Neues Organon • **Balzac** • Glanz und Elend der Kurtisanen • **Joachim H. Campe** • Robinson der Jüngere • **Dante Alighieri** • Die Göttliche Komödie • **Daniel Defoe** • Robinson Crusoe • **Charles Dickens** • Oliver Twist • **Denis Diderot** • Jacques der Fatalist • **Fjodor Dostojewski** • Schuld und Sühne • **Arthur Conan Doyle** • Der Hund von Baskerville • **Elisabeth von Österreich** • Das Poetische Tagebuch • **Friedrich Engels** • Die Lage der arbeitenden Klasse • **Ludwig Feuerbach** • Das Wesen des Christentums • **Fitzgerald** • Zärtlich ist die Nacht • **Flaubert** • Madame Bovary • **Theodor Fontane** • Effi Briest • **Robert Musil** • Über die Dummheit • **Edgar Wallace** • Der Frosch mit der Maske • **Jakob Wassermann** • Der Fall Maurizius • **Oscar Wilde** • Das Bildnis des Dorian Grey •

Mark Twain • Huckleberry Finns Abenteuer und Fahrten • **Anton Tschechow** • Die Möwe • **Ludwig Tieck** • Der gestiefelte Kater • **Feuerbach** • Das Wesen des Christentums • **Fitzgerald** • Zärtlich ist die Nacht • **Flaubert** • Madame Bovary • **Theodor Fontane** • Effi Briest • **Robert Musil** • Über die Dummheit • **Edgar Wallace** • Der Frosch mit der Maske • **Jakob Wassermann** • Der Fall Maurizius • **Oscar Wilde** • Das Bildnis des Dorian Grey • **Mark Twain** • Huckleberry Finns Abenteuer und Fahrten • **Anton Tschechow** • Die Möwe • **Ludwig Tieck** • Der gestiefelte Kater • **Jonathan Swift** • Gullivers Reisen • **Robert Louis Stevenson** • Die Schatzinsel • **William Shakespeare** • Othello • **Arthur Schopenhauer** • Die Kunst, Recht zu behalten • **Felix Salten** • Bambi • **Platon** • Der Staat • **Arthur Schnitzler** • Traumnovelle • **Friedrich Schiller** • Wilhelm Tell • **Karl May** • Winnetou • **Franz Kafka** • Der Prozeß • Platon • Verteidigungsrede • **Jules Verne** • Reise nachdem Mittelpunkt der Erde • **Leo Tolstoi** • Auferstehung • **August Strindberg** • Inferno • **Julius Stinde** • Familie Buchholz • **Wilhelm Raabe** • Die schwarze Galeere • **Friedrich Nietzsche** • Götzendämmerung • **Gotthold Ephraim Lessing** • Emilia Galotti *und viele weitere Werke….*

Friedrich Engels

Die Entwicklung des Sozialismus von der Utopie zur Wissenschaft

Der moderne Sozialismus ist seinem Inhalte nach zunächst das Erzeugnis der Anschauung, einerseits der in der heutigen Gesellschaft herrschenden Klassengegensätze von Besitzenden und Besitzlosen, Kapitalisten und Lohnarbeitern, andrerseits der in der

Produktion herrschenden Anarchie. Aber seiner theoretischen Form nach erscheint er anfänglich als eine weitergetriebne, angeblich konsequentere Fortführung der von den großen französischen Aufklärern des 18. Jahrhunderts aufgestellten Grundsätze. Wie jede neue Theorie, mußte er zunächst anknüpfen an das vorgefundne Gedankenmaterial, sosehr auch seine Wurzel in den materiellen ökonomischen Tatsachen lag.

Die großen Männer, die in Frankreich die Köpfe für die kommende Revolution klärten, traten selbst äußerst revolutionär auf. Sie erkannten keine äußere Autorität an, welcher Art sie auch sei. Religion, Naturanschauung, Gesellschaft, Staatsordnung, alles wurde der schonungslosesten Kritik unterworfen; alles sollte sein Dasein vor dem Richterstuhl der Vernunft rechtfertigen oder aufs Dasein verzichten. Der denkende Verstand wurde als alleiniger Maßstab an alles angelegt. Es war die Zeit, wo, wie Hegel sagt, die Welt auf den Kopf gestellt wurde, zuerst in dem Sinn, daß der menschliche Kopf und die durch sein Denken gefundnen Sätze den Anspruch machten, als Grundlage aller menschlichen Handlung und Vergesellschaftung zu gelten; dann aber später auch in dem weitern Sinn, daß die Wirklichkeit, die diesen Sätzen widersprach, in der Tat von oben bis unten umgekehrt wurde. Alle bisherigen Gesellschafts- und Staatsformen, alle altüberlieferten Vorstellungen wurden als unvernünftig in die Rumpelkammer geworfen; die Welt hatte sich bisher lediglich von Vorurteilen leiten lassen; alles Vergangne verdiente nur Mitleid und Verachtung. Jetzt erst brach das Tageslicht, das Reich der Vernunft an; von nun an sollte der Aberglaube, das Unrecht, das Privilegium und die Unterdrückung verdrängt werden durch die ewige Wahrheit, die ewige

Gerechtigkeit, die in der Natur begründete Gleichheit und die unveräußerlichen Menschenrechte.

Wir wissen jetzt, daß dies Reich der Vernunft weiter nichts war als das idealisierte Reich der Bourgeoisie; daß die ewige Gerechtigkeit ihre Verwirklichung fand in der

Bourgeoisjustiz; daß die Gleichheit hinauslief auf die bürgerliche Gleichheit vor dem Gesetz; daß als eines der wesentlichsten Menschenrechte proklamiert wurde - das bürgerliche Eigentum; und daß der Vernunftstaat, der Rousseausche Gesellschaftsvertrag ins Leben trat und nur ins Leben treten konnte als bürgerliche, demokratische Republik. So wenig wie alle ihre Vorgänger konnten die großen Denker des 18. Jahrhunderts hinaus über die Schranken, die ihnen ihre eigne Epoche gesetzt hatte.

Aber neben dem Gegensatz von Feudaladel und dem als Vertreterin der gesamten übrigen Gesellschaft auftretenden Bürgertum bestand der allgemeine Gegensatz von Ausbeutern und Ausgebeuteten, von reichen Müßiggängern und arbeitenden Armen. War es doch gerade dieser Umstand, der es den Vertretern der Bourgeoisie möglich machte, sich als Vertreter nicht einer besondern Klasse, sondern der ganzen leidenden Menschheit hinzustellen. Noch mehr. Von seinem Ursprung an war das Bürgertum behaftet mit seinem Gegensatz: Kapitalisten können nicht bestehn ohne Lohnarbeiter, und im selben Verhältnis wie der mittelalterliche Zunftbürger sich zum modernen

Bourgeois, im selben Verhältnis entwickelte sich auch der Zunftgeselle und nichtzünftige Taglöhner zum Proletarier. Und wenn auch im ganzen und großen das Bürgertum beanspruchen durfte, im Kampf mit dem Adel gleichzeitig die Interessen der verschiednen arbeitenden Klassen jener Zeit mit zu vertreten, so brachen doch, bei jeder großen bürgerlichen Bewegung, selbständige Regungen derjenigen Klasse hervor, die die mehr oder weniger entwickelte Vorgängerin des modernen Proletariats war. So in der deutschen Reformations- und der Bauernkriegszeit die Wiedertäufer und Thomas Münzer; in der großen englischen Revolution die Levellers; in der Großen Französischen Revolution Babeuf. Neben diesen revolutionären Schilderhebungen einer noch unfertigen Klasse gingen entsprechende theoretische Kundgebungen; im 16. und 17. Jahrhundert utopische Schilderungen idealer Gesellschaftszustände; im 18.

schon direkt kommunistische Theorien (Morelly und Mably).

Die Forderung der Gleichheit wurde nicht mehr auf die politischen Rechte beschränkt, sie sollte sich auch auf die gesellschaftliche Lage der einzelnen erstrecken; nicht bloß die Klassenvorrechte sollten aufgehoben werden, sondern die Klassenunterschiede selbst. Ein asketischer, allen Lebensgenuß verpönender, an Sparta anknüpfender Kommunismus war so die erste Erscheinungsform der neuen Lehre. Dann folgten die drei großen Utopisten: Saint-Simon, bei dem die bürgerliche Richtung noch neben der proletarischen eine gewisse Geltung behielt; Fourier und Owen, der, im Lande der entwickeltsten kapitalistischen Produktion und unter dem Eindruck der durch diese erzeugten Gegensätze, seine Vorschläge zur Beseitigung der Klassenunterschiede in direkter Anknüpfung an den französischen

Materialismus systematisch entwickelte.

Allen dreien ist gemeinsam, daß sie nicht als Vertreter der Interessen des inzwischen historisch erzeugten Proletariats auftreten. Wie die Aufklärer wollen sie nicht zunächst eine bestimmte Klasse, sondern sogleich die ganze Menschheit befreien. Wie jene wollen sie das Reich der Vernunft und der ewigen Gerechtigkeit einführen; aber ihr Reich ist himmelweit verschieden von dem der Aufklärer. Auch die nach den Grundsätzen dieser Aufklärer eingerichtete bürgerliche Welt ist unvernünftig und ungerecht und wandert daher ebensogut in den Topf des Verwerflichen wie der Feudalismus und alle früheren Gesellschaftszustände. Daß die wirkliche Vernunft und Gerechtigkeit bisher nicht in der Welt geherrscht haben, kommt nur daher, daß man sie nicht richtig erkannt hatte. Es fehlte eben der geniale einzelne Mann, der jetzt aufgetreten und der die Wahrheit erkannt hat; daß er jetzt aufgetreten, daß die Wahrheit grade jetzt erkannt worden ist, ist nicht ein aus dem Zusammenhang der geschichtlichen Entwicklung mit Notwendigkeit folgendes, unvermeidliches Ereignis, sondern ein reiner Glücksfall. Er hätte ebensogut 500 Jahre früher geboren werden können und hätte dann der Menschheit 500 Jahre Irrtum, Kämpfe und Leiden erspart.

Wir sahen, wie die französischen Philosophen des achtzehnten Jahrhunderts, die Vorbereiter der Revolution, an die Vernunft appellierten als einzige Richterin über alles, was bestand. Ein vernünftiger Staat, eine vernünftige Gesellschaft sollten hergestellt, alles, was der ewigen Vernunft widersprach, sollte ohne Barmherzigkeit beseitigt werden. Wir sahen ebenfalls, daß diese ewige Vernunft in Wirklichkeit nichts andres war als der idealisierte

Verstand des eben damals zum Bourgeois sich fortentwickelnden Mittelbürgers. Als nun die Französische Revolution diese Vernunftgesellschaft und diesen Vernunftstaat verwirklicht hatte, stellten sich daher die neuen Einrichtungen, so rationell sie auch waren gegenüber den früheren

Zuständen, keineswegs als absolut vernünftige heraus. Der Vernunftstaat war vollständig in die Brüche gegangen. Der Rousseausche Gesellschaftsvertrag hatte seine Verwirklichung gefunden in der Schreckenszeit, aus der das an seiner eignen politischen Befähigung irre gewordne Bürgertum sich geflüchtet hatte zuerst in die Korruption des Direktoriums und schließlich unter den Schutz des napoleonischen Despotismus. Der verheißne ewige Friede war umgeschlagen in einen endlosen Eroberungskrieg. Die Vernunftgesellschaft war nicht besser gefahren.

Der Gegensatz von reich und arm, statt sich aufzulösen in allgemeinen Wohlergehn, war verschärft worden durch die Beseitigung der ihn überbrückenden zünftigen und andren Privilegien und der ihn mildernden kirchlichen Wohltätigkeitsanstalten; die jetzt zur Wahrheit gewordne "Freiheit des

Eigentums" von feudalen Fesseln stellte sich heraus, für den Kleinbürger und Kleinbauern, als die Freiheit, dies von der übermächtigen Konkurrenz des Großkapitals und des Großgrundbesitzes erdrückte kleine Eigentum an eben diese großen Herren zu verkaufen und so für den Kleinbürger und Kleinbauern sich zu verwandeln in die Freiheit vom Eigentum; der Aufschwung der Industrie auf kapitalistischer Grundlage erhob Armut und Elend der arbeitenden Massen zu einer Lebensbedingung der Gesellschaft. Die bare Zahlung wurde mehr und mehr, nach Carlyles Ausdruck, das einzige Bindeglied der

Gesellschaft. Die Zahl der Verbrechen nahm zu von Jahr zu Jahr. Waren die früher am hellen Tage sich ungescheut ergehenden feudalen Laster zwar nicht vernichtet, so doch vorläufig in den Hintergrund gedrängt, so schossen dafür die, bisher nur in der Stille gehegten, bürgerlichen Laster um so üppiger in die Blüte. Der Handel entwickelte sich mehr und mehr zur Prellerei. Die "Brüderlichkeit" der revolutionären Devise verwirklichte sich in den Schikanen und dem Neid des Konkurrenzkampfs. An die Stelle der gewaltsamen Unterdrückung trat die Korruption, an die Stelle des Degens, als des ersten gesellschaftlichen Machthebels, das Geld.

Das Recht der ersten Nacht ging über von den Feudalherren auf die bürgerlichen Fabrikanten. Die Prostitution breitete sich aus in bisher unerhörtem Maß. Die Ehe selbst blieb nach wie vor gesetzlich anerkannte

Form, offizieller Deckmantel der Prostitution, und ergänzte sich zudem durch reichlichen Ehebruch. Kurzum, verglichen mit den prunkhaften Verheißungen der Aufklärer, erwiesen sich die durch den "Sieg der Vernunft" hergestellten gesellschaftlichen und politischen Einrichtungen als bitter enttäuschende Zerrbilder. Es fehlten nur noch die Leute, die diese Enttäuschung konstatierten, und diese kamen mit der Wende des Jahrhunderts. 1802 erschienen Saint-Simons Genfer Briefe; 1808 erschien Fouriers erstes Werk, obwohl die Grundlage seiner Theorie schon von 1799 datierte; am 1. Januar 1800 übernahm Robert Owen die Leitung von New Lanark.

Um diese Zeit aber war die kapitalistische Produktionsweise, und mit ihr der Gegensatz von Bourgeoisie und Proletariat, noch sehr unentwickelt. Die große Industrie, in England eben erst entstanden, war in

Frankreich noch unbekannt. Aber erst die große Industrie entwickelt einerseits die Konflikte, die eine Umwälzung der Produktionsweise, eine Beseitigung ihres kapitalistischen Charakters, zur zwingenden Notwendigkeit erheben - Konflikte nicht nur der von ihr erzeugten Klassen, sondern auch der von ihr geschaffnen Produktivkräfte und Austauschformen selbst -; und sie entwickelt andrerseits in eben diesen riesigen Produktivkräften auch die Mittel, diese Konflikte zu lösen.

Waren also um 1800 die der neuen Gesellschaftsordnung entspringenden Konflikte erst im

Werden begriffen, so gilt dies noch weit mehr von den Mitteln ihrer Lösung. Hatten die besitzlosen Massen von Paris während der Schreckenszeit einen Augenblick die Herrschaft erobern und dadurch die bürgerliche Revolution, selbst gegen das Bürgertum, zum Siege führen können, so hatten sie damit nur bewiesen, wie unmöglich ihre Herrschaft unter den damaligen Verhältnissen auf die Dauer war. Das sich aus diesen besitzlosen Massen eben erst als Stamm einer neuen Klasse absondernde Proletariat, noch ganz unfähig zu selbständiger politischer Aktion, stellte sich dar als unterdrückter, leidender Stand, dem in seiner Unfähigkeit, sich selbst zu helfen, höchstens von außen her, von oben herab Hülfe zu bringen war.

Diese geschichtliche Lage beherrschte auch die Stifter des Sozialismus. Dem unreifen Stand der kapitalistischen Produktion, der unreifen Klassenlage, entsprachen unreife Theorien. Die Lösung der gesellschaftlichen Aufgaben, die in den unentwickelten ökonomischen Verhältnissen noch verborgen lag, sollte aus dem Kopfe erzeugt werden. Die Gesellschaft bot nur Mißstände; diese zu beseitigen war Aufgabe der denkenden Vernunft. Es handelte sich darum, ein neues, vollkommneres

System der gesellschaftlichen Ordnung zu erfinden und dies der Gesellschaft von außen her, durch Propaganda, womöglich durch das Beispiel von Musterexperimenten aufzuoktroyieren. Diese neuen sozialen Systeme waren von vornherein zur Utopie verdammt; je weiter sie in ihren Einzelheiten ausgearbeitet wurden, desto mehr mußten sie in reine Phantasterei verlaufen.

Dies einmal festgestellt, halten wir uns bei dieser, jetzt ganz der Vergangenheit angehörigen Seite keinen Augenblick länger auf. Wir können es literarischen Kleinkrämern überlassen, an diesen, heute nur noch erheiternden Phantastereien feierlich herumzuklauben und die Überlegenheit ihrer eignen nüchternen Denkungsart geltend zu machen gegenüber solchem "Wahnwitz". Wir freuen uns lieber der genialen Gedankenkeime und Gedanken, die unter der phantastischen Hülle überall hervorbrechen und für die jene Philister blind sind.

Saint-Simon war ein Sohn der großen ranzösischen Revolution, bei deren Ausbruch er noch nicht dreißig Jahre alt war. Die Revolution war der Sieg des dritten Standes, d.h. der großen, in der Produktion und im Handel tätigen Masse der Nation, über die bis dahin bevorrechteten müßigen Stände, Adel und Geistlichkeit. Aber der Sieg des dritten Standes hatte sich bald enthüllt als der ausschließliche Sieg eines kleinen Teils dieses Standes, als die Eroberung der politischen Macht durch die gesellschaftlich bevorrechtete Schicht desselben, die, besitzende Bourgeoisie. Und zwar hatte sich diese Bourgeoisie noch während der Revolution rasch entwickelt vermittelst der Spekulation in dem konfiszierten und dann verkauften Grundbesitz des Adels und der Kirche sowie vermittelst des Betrugs an der Nation durch die Armeelieferanten.

Es war gerade die Herrschaft dieser Schwindler, die unter dem Direktorium Frankreich und die Revolution an den Rand des Untergangs brachte und damit Napoleon den Vorwand gab zu seinem Staatsstreich. So nahm im Kopf Saint-Simons der Gegensatz von drittem Stand und bevorrechteten Ständen die Form an des Gegensatzes von "Arbeitern" und "Müßigen". Die Müßigen, das waren nicht nur die alten Bevorrechteten, sondern auch alle, die ohne Beteiligung an Produktion und Handel von Renten lebten. Und die "Arbeiter", das waren nicht nur die Lohnarbeiter, sondern auch die Fabrikanten, die Kaufleute, die Bankiers. Daß die Müßigen die Fähigkeit zur geistigen Leitung und politischen Herrschaft verloren, stand fest und war durch die Revolution endgültig besiegelt. Daß die Besitzlosen diese Fähigkeit nicht besaßen, das schien Saint-Simon bewiesen durch die Erfahrungen der Schreckenszeit. Wer aber sollte leiten und herrschen? Nach Saint-Simon die Wissenschaft und die Industrie, beide zusammengehalten durch ein neues religiöses Band, bestimmt, die seit der Reformation gesprengte Einheit der religiösen Anschauungen wiederherzustellen, ein notwendig mystisches und streng hierarchisches "neues Christentum".

Aber die Wissenschaft, das waren die Schulgelehrten, und die Industrie, das waren in erster Linie die aktiven Bourgeois, Fabrikanten, Kaufleute, Bankiers. Diese Bourgeois sollten sich zwar in eine Art öffentlicher Beamten, gesellschaftlicher Vertrauensleute, verwandeln, aber doch gegenüber den Arbeitern eine gebietende und auch ökonomisch bevorzugte Stellung behalten. Namentlich sollten die Bankiers durch Regulierung des Kredits die gesamte gesellschaftliche Produktion zu regeln berufen sein.

Diese Auffassung entsprach ganz einer Zeit, wo in Frankreich die große Industrie und mit ihr der Gegensatz von Bourgeoisie und Proletariat eben erst im Entstehn war. Aber was Saint-Simon besonders betont, ist dies: Es sei ihm überall und immer zuerst zu tun um das Geschick "der zahlreichsten und ärmsten Klasse" (la classe la plus nombreuse et la plus pauvre).

Saint-Simon stellt bereits in seinen Genfer Briefen den Satz auf, daß "alle Menschen arbeiten sollen".

In derselben Schrift weiß er schon, daß die Schreckensherrschaft die

Herrschaft der besitzlosen Massen war.

"Seht an", ruft er ihnen zu, "was sich in Frankreich ereignet hat zu der Zeit, als eure Kameraden dort geherrscht, sie haben die Hungersnot erzeugt."

Die Französische Revolution aber als einen Klassenkampf, und zwar nicht bloß zwischen Adel und Bürgertum, sondern zwischen Adel, Bürgertum und

Besitzlosen aufzufassen, war im Jahr 1802 eine höchst geniale Entdeckung. 1816 erklärt er die Politik für die Wissenschaft von der Produktion und sagt voraus das gänzliche Aufgehn der Politik in der Ökonomie. Wenn hierin die Erkenntnis, daß die ökonomische Lage die Basis der politischen Einrichtungen ist, nur erst im Keime sich zeigt, so ist doch die Überführung der politischen Regierung über Menschen in eine Verwaltung von Dingen und eine Leitung von Produktionsprozessen, also die neuerdings mit so viel Lärm breitgetretne "Abschaffung des Staates" hier schon klar ausgesprochen. Mit gleicher Überlegenheit über seine Zeitgenossen proklamiert er 1814, unmittelbar nach dem Einzug der Verbündeten in Paris, und noch 1815, während des Kriegs der hundert Tage, die Allianz Frankreichs mit England und in zweiter Linie beider Länder mit Deutschland als einzige Gewähr für die gedeihliche Entwicklung und den Frieden Europas. Allianz den Franzosen von 1815 predigen mit den Siegern von Waterloo, dazu gehörte in der Tat ebensoviel Mut wie geschichtlicher Fernblick.

Wenn wir bei Saint-Simon eine geniale Weite des Blicks entdecken, vermöge deren fast alle nicht streng ökonomischen Gedanken der späteren Sozialisten bei ihm im Keime enthalten sind, so finden wir bei Fourier eine echt französisch-geistreiche, aber darum nicht minder tief eindringende Kritik der bestehenden Gesellschaftszustände. Fourier nimmt die Bourgeoisie, ihre begeisterten Propheten von vor und ihre interessierten Lobhudler von nach der Revolution beim Wort.

Er deckt die materielle und moralische Misere der bürgerlichen Welt unbarmherzig auf; er hält daneben sowohl die gleißenden Versprechungen der frühern Aufklärer von der Gesellschaft, in der nur die Vernunft herrschen werde, von der alles beglückenden Zivilisation, von der grenzenlosen menschlichen Vervollkommnungsfähigkeit, wie auch die schönfärbenden

Redensarten der gleichzeitigen Bourgeois-Ideologen; er weist nach, wie der hochtönendsten Phrase überall die erbärmlichste Wirklichkeit entspricht, und überschüttet dies rettungslose Fiasko der Phrase mit beißendem Spott. Fourier ist nicht nur Kritiker, seine ewig heitre Natur macht ihn zum

Satiriker, und zwar zu einem der größten Satiriker aller Zeiten. Die mit dem Niedergang der Revolution emporblühende Schwindelspekulation ebenso wie die allgemeine Krämerhaftigkeit des damaligen französischen Handels schildert er ebenso meisterhaft wie ergötzlich. Noch meisterhafter ist seine Kritik der bürgerlichen Gestaltung der Geschlechtsverhältnisse und der Stellung des Weibes in der bürgerlichen Gesellschaft. Er spricht es zuerst aus, daß in einer gegebnen Gesellschaft der Grad der weiblichen Emanzipation das natürliche Maß der allgemeinen Emanzipation ist. Am großartigsten aber erscheint Fourier in seiner Auffassung der Geschichte der Gesellschaft. Er teilt ihren ganzen bisherigen Verlauf in vier Entwicklungsstufen: Wildheit, Patriarchat, Barbarei, Zivilisation, welch letztere mit der jetzt sogenannten bürgerlichen Gesellschaft, also mit der seit dem 16.

Jahrhundert eingeführten Gesellschaftsordnung zusammenfällt, und weist nach,

"daß die zivilisierte Ordnung jedes Laster, welches die Barbarei auf eine einfache Weise ausübt, zu einer zusammengesetzten, doppelsinnigen, zweideutigen, heuchlerischen Daseinsweise erhebt"

daß die Zivilisation sich in einem "fehlerhaften Kreislauf" bewegt, in Widersprüchen, die sie stets neu erzeugt, ohne sie überwinden zu können, so daß sie stets das Gegenteil erreicht von dem, was sie erreichen will oder erlangen zu wollen vorgibt.

So daß z.B.

"in der Zivilisation die Armut aus dem Überfluß selbst entspringt".

Fourier, wie man sieht, handhabt die Dialektik mit derselben Meisterschaft wie sein Zeitgenosse Hegel. Mit gleicher Dialektik hebt er hervor, gegenüber dem Gerede von der unbegrenzten menschlichen Vervollkommnungsfähigkeit, daß jede geschichtliche Phase ihren aufsteigenden, aber auch ihren absteigenden Ast hat, und wendet diese Anschauungsweise auch auf die Zukunft der gesamten Menschheit an. Wie Kant den künftigen Untergang der Erde in die Naturwissenschaft, führt Fourier den künftigen Untergang der Menschheit in die Geschichtsbetrachtung ein.

Während in Frankreich der Orkan der Revolution das Land ausfegte, ging in England eine stillere, aber darum nicht minder gewaltige

Umwälzung vor sich. Der Dampf und die neue Werkzeugmaschinerie verwandelten die Manufaktur in die moderne große Industrie und revolutionierten damit die ganze Grundlage der bürgerlichen Gesellschaft. Der schläfrige Entwicklungsgang der Manufakturzeit verwandelte sich in eine wahre Sturm- und Drangperiode der Produktion. Mit stets wachsender Schnelligkeit vollzog sich die Scheidung der Gesellschaft in große Kapitalisten und besitzlose Proletarier, zwischen denen, statt des frühern stabilen Mittelstandes, jetzt eine unstete Masse von Handwerkern und Kleinhändlern eine schwankende

Existenz führte, der fluktuierendste Teil der Bevölkerung. Noch war die neue Produktionsweise erst im Anfang ihres aufsteigenden Asts; noch war sie die normale, regelrechte, die unter den Umständen einzig mögliche Produktionsweise. Aber schon damals erzeugte sie schreiende soziale Mißstände:

Zusammendrängung einer heimatlosen Bevölkerung in den schlechtesten Wohnstätten großer Städte - Lösung aller hergebrachten Bande des Herkommens, der patriarchalischen Unterordnung, der Familie - Überarbeit besonders der Weiber und Kinder in schreckenerregendem Maß -

massenhafte Entsittlichung der plötzlich in ganz neue Verhältnisse, vom Land in die Stadt, vom Ackerbau in die Industrie, aus stabilen in täglich wechselnde unsichere Lebensbedingungen geworfnen arbeitenden Klasse. Da trat ein neunundzwanzigjähriger Fabrikant als Reformator auf, ein Mann von bis zur Erhabenheit kindlicher Einfachheit des Charakters und zugleich ein geborner Lenker von Menschen wie wenige.

Robert Owen hatte sich die Lehre der materialistischen Aufklärer angeeignet, daß der Charakter des Menschen das Produkt sei einerseits der angebornen Organisation und andrerseits der den Menschen während seiner Lebenszeit, besonders aber während der Entwicklungsperiode umgebenden Umstände. In der industriellen Revolution sahen die meisten seiner Standesgenossen nur Verwirrung und Chaos, gut im trüben zu fischen und sich rasch zu bereichern. Er sah in ihr die Gelegenheit, seinen Lieblingssatz in Anwendung und damit Ordnung in das Chaos zu bringen. Er hatte es schon in Manchester als Dirigent über fünfhundert Arbeiter einer Fabrik erfolgreich versucht, von 1800 bis 1829 leitete er die große Baumwollspinnerei von New Lanark in Schottland als dirigierender Associé in demselben Sinn, nur mit größrer Freiheit des Handelns und mit einem Erfolg, der ihm europäischen Ruf eintrug. Eine allmählich auf 2.500 Köpfe anwachsende, ursprünglich aus den gemischtesten und größtenteils stark demoralisierten Elementen sich zusammensetzende Bevölkerung wandelte er um in eine vollständige Musterkolonie, in der Trunkenheit, Polizei, Strafrichter, Prozesse, Armenpflege, Wohltätigkeitsbedürfnis unbekannte Dinge waren. Und zwar einfach dadurch, daß er die Leute in menschenwürdigere Umstände versetzte und namentlich die heranwachsende Generation sorgfältig erziehen ließ.

Er war der Erfinder der Kleinkinderschulen und führte sie hier zuerst ein. Vom zweiten Lebensjahr an kamen die Kinder in die Schule, wo sie sich so gut unterhielten, daß sie kaum wieder heimzubringen waren. Während seine Konkurrenten 13-14 Stunden täglich arbeiten ließen, wurde in New Lanark nur 10½ Stunden gearbeitet. Als eine Baumwollkrisis zu viermonatlichem Stillstand zwang, wurde den feiernden Arbeitern der volle Lohn fortbezahlt. Und dabei hatte das Etablissement seinen Wert mehr als verdoppelt und bis zuletzt den Eigentümern reichlichen Gewinn abgeworfen.

Mit alledem war Owen nicht zufrieden. Die Existenz, die er seinen Arbeitern geschaffen, war in seinen

Augen noch lange keine menschenwürdige;

"die Leute waren meine Sklaven";

die verhältnismäßig günstigen Umstände, in die er sie versetzt, waren noch weit entfernt davon, eine allseitige rationelle Entwicklung des Charakters und des Verstandes, geschweige eine freie Lebenstätigkeit zu gestatten.

"Und doch produzierte der arbeitende Teil dieser 2.500 Menschen ebensoviel wirklichen Reichtum für die Gesellschaft, wie kaum ein halbes Jahrhundert vorher eine Bevölkerung von 600.000

erzeugen konnte. Ich frug mich: Was wird aus der Differenz zwischen dem von 2.500 Personen verzehrten Reichtum und demjenigen, den die 600.000 hätten verzehren müssen?"

Die Antwort war klar. Er war verwandt worden, um den Besitzern des Etablissements 5% Zinsen vom

Anlagekapital und außerdem noch mehr als 300.000 Pfd.St. (6.000.000 M.) Gewinn abzuwerfen. Und was von New Lanark, galt in noch höherem Maß von allen Fabriken Englands.

"Ohne diesen neuen, durch die Maschinen geschaffnen Reichtum hätten die Kriege zum Sturz

Napoleons und zur Aufrechterhaltung der aristokratischen Gesellschaftsprinzipien nicht durchgeführt werden können. Und doch war diese neue Macht die Schöpfung der arbeitenden Klasse."

Ihr gehörten daher auch die Früchte.

Die neuen gewaltigen Produktivkräfte, bisher nur der Bereicherung einzelner und der Knechtung der Massen dienend, boten für Owen die Grundlage zu einer gesellschaftlichen Neubildung und waren dazu bestimmt, als gemeinsames Eigentum aller nur für die gemeinsame Wohlfahrt aller zu arbeiten.

Auf solche rein geschäftsmäßige Weise, als Frucht sozusagen der kaufmännischen Berechnung, entstand der Owensche Kommunismus. Denselben auf das Praktische gerichteten Charakter behält er durchweg. So schlug Owen 1823 Hebung des irischen Elends durch kommunistische Kolonien vor und legte vollständige Berechnungen, über Anlagekosten, jährliche Auslagen und voraussichtliche Erträge bei. So ist in seinem definitiven Zukunftsplan die technische Ausarbeitung der

Einzelheiten, einschließlich Grundriß, Aufriß und Ansicht aus der Vogelperspektive, mit solcher Sachkenntnis durchgeführt, daß, die Owensche Methode der Gesellschaftsreform einmal zugegeben, sich gegen die Detaileinrichtung selbst vom fachmännischen Standpunkt nur wenig sagen läßt.

Der Fortschritt zum Kommunismus war der Wendepunkt in Owens Leben. Solange er als bloßer Philanthrop aufgetreten, hatte er nichts geerntet als Reichtum, Beifall, Ehre und Ruhm. Er war der populärste Mann in Europa. Nicht nur seine Standesgenossen, auch Staatsmänner und Fürsten hörten ihm beifällig zu. Als er aber mit seinen kommunistischen Theorien hervortrat, wendete sich das Blatt. Drei große Hindernisse waren es, die ihm vor allem den Weg zur gesellschaftlichen Reform zu versperren schienen: das Privateigentum, die Religion und die gegenwärtige Form der Ehe. Er wußte, was ihm bevorstand, wenn er sie angriff: die allgemeine Ächtung durch die offizielle Gesellschaft, der Verlust seiner ganzen sozialen Stellung. Aber er ließ sich nicht abhalten, sie rücksichtslos anzugreifen, und es geschah, wie er vorhergesehn. Verbannt aus der offiziellen Gesellschaft, totgeschwiegen von der Presse, verarmt durch fehlgeschlagne kommunistische Versuche in Amerika, in denen er sein ganzes Vermögen geopfert, wandte er sich direkt an die Arbeiterklasse und blieb in ihrer Mitte noch dreißig Jahre tätig.

Alle gesellschaftlichen Bewegungen, alle wirklichen Fortschritte, die in England im Interesse der Arbeiter zustande gekommen, knüpfen sich an den Namen Owen. So setzte er 1819, nach fünfjähriger Anstrengung, das erste Gesetz zur Beschränkung der Weiber- und Kinderarbeit in den Fabriken durch. So präsidierte er dem ersten Kongreß, auf dem die Trades Unions von ganz England sich in eine einzige große Gewerksgenossenschaft vereinigten. So führte er als Übergangsmaßregeln zur vollständig kommunistischen Einrichtung der Gesellschaft einerseits die Kooperativgesellschaften ein (Konsum- und

Produktivgenossenschaften), die seitdem wenigstens den praktischen Beweis geliefert haben, daß sowohl der Kaufmann wie der Fabrikant sehr entbehrliche Personen sind; andrerseits die Arbeitsbasars, Anstalten zum Austausch von Arbeitsprodukten vermittelst eines Arbeitspapiergelds, dessen Einheit die

Arbeitsstunde bildete; Anstalten, die notwendig scheitern mußten, die aber die weit spätere Proudhonsche Tauschbank vollständig antizipierten, sich indes grade dadurch von dieser unterschieden, daß sie nicht das Universalheilmittel aller gesellschaftlichen Übel, sondern nur einen ersten Schritt zu einer weit radikalern Umgestaltung der Gesellschaft darstellten.

Die Anschauungsweise der Utopisten hat die sozialistischen Vorstellungen des 19. Jahrhunderts lange beherrscht und beherrscht sie zum Teil noch. Ihr huldigten noch bis vor ganz kurzer Zeit alle französischen und englischen Sozialisten, ihr gehört auch der frühere deutsche Kommunismus mit Einschluß Weitlings an. Der Sozialismus ist ihnen allen der Ausdruck der absoluten Wahrheit, Vernunft und Gerechtigkeit und braucht nur entdeckt zu werden, um durch eigne Kraft die Welt zu erobern; da die absolute Wahrheit unabhängig ist von Zeit, Raum und menschlicher geschichtlicher Entwicklung, so ist es bloßer Zufall, wann und wo sie entdeckt wird. Dabei ist dann die absolute Wahrheit, Vernunft und Gerechtigkeit wieder bei jedem Schulstifter verschieden; und da bei jedem die besondre Art der absoluten Wahrheit, Vernunft und Gerechtigkeit wieder bedingt ist durch seinen subjektiven Verstand, seine Lebensbedingungen, sein Maß von Kenntnissen und Denkschulung, so ist in diesem Konflikt absoluter Wahrheiten keine andre Lösung möglich, als daß sie sich aneinander abschleißen. Dabei konnte dann nichts andres herauskommen als eine Art von eklektischem Durchschnitts-Sozialismus, wie er in der Tat bis heute in den Köpfen der meisten sozialistischen Arbeiter in Frankreich und England herrscht, eine äußerst mannigfaltige Schattierungen zulassende Mischung aus den weniger Anstoß erregenden kritischen

Auslassungen, ökonomischen Lehrsätzen und gesellschaftlichen Zukunftsvorstellungen der verschiednen Sektenstifter, eine Mischung, die sich um so leichter bewerkstelligt, je mehr den einzelnen Bestandteilen im Strom der Debatte die scharfen Ecken der Bestimmtheit abgeschliffen sind wie runden Kieseln im Bach. Um aus dem Sozialismus eine Wissenschaft zu machen, mußte er erst auf einen realen Boden gestellt werden.